ANTONINO FABIO CIACCIO
&
ELENA GRILLO

PROPOSTA D'ACQUISTO IMMOBILIARE

Trucchi e Strategie per Guadagnare nella Compravendita di Immobili e Scongiurare i Rischi

Titolo

"PROPOSTA D'ACQUISTO IMMOBILIARE"

Autore

Antonino Fabio Ciaccio & Elena Grillo

Editore

Bruno Editore

Sito internet

http://www.brunoeditore.it

Sommario

Introduzione

Benvenuto tra i lettori di questo corso, persone che, per qualche motivo, vogliono saperne di più sulla proposta d'acquisto, sia dal punto di vista tecnico-giuridico sia come strumento da utilizzare per migliorare il risultato della propria trattativa di compravendita.

La proposta d'acquisto ha un ruolo fondamentale ed essenziale per il buon andamento di tutti i passaggi di una transazione immobiliare. A questo proposito, a noi piace dire che la proposta d'acquisto immobiliare ha la stessa importanza di un primo appuntamento in una relazione di coppia; sottovalutarlo potrebbe decretare l'insuccesso della relazione sul nascere o nelle fasi successive.

A molte persone potrebbe non sembrare così, ma parliamo per esperienza perché spesso e volentieri ci troviamo a dover spiegare (e anche a ribadire) quali sono i motivi per cui deve essere assolutamente fatta una proposta d'acquisto, e mai bypassata, sempre ammesso che si voglia concludere con successo la trattativa che si sta affrontando. Pensa, però, che la perdita dell'affare potrebbe essere solo il minore dei mali, mentre il reale problema sarebbe l'insorgere di un contenzioso tra te e l'altro contraente – che tu sia il venditore o l'acquirente – a causa di accordi presi in modo troppo superficiale e, magari, pattuiti verbalmente o in termini generici in un contratto poco preciso.

Per evitare questi problemi, ma soprattutto per ottenere degli importanti benefici, vogliamo illustrarti le due facce della proposta d'acquisto: da un lato essa ci permette di scongiurare i potenziali rischi tipici di un contratto di valore firmato con uno sconosciuto; dall'altro, abbiamo il vantaggio di condurre la trattativa secondo le esigenze dei contraenti che chiaramente vogliono ottenere il massimo, ciascuno dal suo punto di vista.

La proposta d'acquisto soddisfa entrambe queste esigenze, quindi merita un occhio di riguardo soprattutto da parte di chi si avvicina per la prima volta all'argomento e anche da chi vuole semplicemente saperne di più.

Pertanto, l'obiettivo di questo corso è fornirti una panoramica completa e veloce di tutte le possibilità che hai a disposizione per ottenere un vantaggio dal punto di vista economico nella trattativa, e aiutarti a evitare tutti i possibili rischi di una transazione importante e impegnativa come l'acquisto o la vendita di una casa.

Nella preparazione di questo corso abbiamo voluto che ciò fosse possibile per chiunque, e in particolare abbiamo individuato alcune categorie di persone che, secondo noi, dovrebbero essere maggiormente interessate a conoscere rischi e opportunità di una proposta d'acquisto immobiliare.

Ecco chi sono:

- **venditori privati**, i quali devono sapere se e come accettare una proposta, se rifiutarla (ti spiegheremo perché bisogna valutare tutte le offerte) e come fare a rilanciare nel modo giusto un'offerta non adeguata per ottenere un miglioramento delle condizioni offerte dall'acquirente;
- **acquirente**, che sia un privato o che si affidi a un'agenzia non c'è differenza perché comunque vorrà che tutto vada per il

meglio. Gli acquirenti sono alla ricerca dell'immobile e, con le corrette conoscenze, possono sfruttare la proposta d'acquisto per orientare la trattativa a proprio vantaggio, riuscendo così a ottenere delle condizioni vantaggiose e magari risparmiare una quantità considerevole di denaro (il che non guasta mai soprattutto quando si stanno per affrontare molte spese);

- **agenti immobiliari**, e in generale tutti gli intermediari del settore, che nell'era di Internet, tra collaborazioni, portali e video presentazioni degli immobili a 360°, possono ancora fare affidamento sulla proposta d'acquisto come strumento per aumentare il proprio fatturato, a prescindere dal numero dei clienti o delle case in portafoglio da vendere. Infatti, esistono dei metodi per fare in modo che non sia semplicemente un contratto necessario a formalizzare l'accordo, ma la chiave per chiudere anche le trattative più difficili (se correttamente utilizzato);
- **investitori**, che comprano e vendono immobili per produrre un utile. Queste persone, con le giuste informazioni, possono vivere in modo più consapevole la trattativa d'acquisto vera e propria, e avere un ruolo attivo nel risultato finale dell'operazione, come già fanno nelle varie fasi di

rivalorizzazione dell'immobile. Infatti, con questo corso hanno la possibilità di migliorare le proprie capacità e aumentare le probabilità di successo in fase di negoziazione, a prescindere dal supporto di tecnici e intermediari. Ad esempio, possono ottenere ulteriori risparmi dall'acquisto dell'immobile e migliorare i guadagni realizzati dalla vendita, aumentando in questo modo l'utile dell'intera operazione.

In sostanza il nostro intento è fornire informazioni non solo a livello tecnico, fornendo tutti gli strumenti a chiunque necessiti di fare una proposta d'acquisto sicura e tutelante, ma allo stesso tempo far conoscere le opportunità, che pochi conoscono, di avvantaggiarsi di questo contratto come strumento strategico della trattativa.

A questo punto, prima di entrare nel vivo degli argomenti, vogliamo fare un paio di precisazioni: in questo corso per brevità parleremo più che altro della casa intesa come abitazione, ma in realtà tutti gli esempi citati sono validi per qualunque tipo di immobile o attività commerciale.

Leggi attentamente le prossime righe prima di proseguire. I benefici e i risultati che potrai ottenere applicando i nostri consigli sono reali, ma solo tu puoi valutare fino a che punto possono servirti. Questo, infatti, dipende unicamente dalle tue esigenze specifiche e dalle circostanze in cui si svolgerà la tua trattativa. Inoltre, i tuoi personali risultati o guadagni, derivanti dalla messa in opera di queste semplici regole, saranno possibili solo grazie al tuo impegno e alla tua determinazione nel trasformare le pagine che leggerai in azioni e strategie pratiche.

CAPITOLO 1:
Come prepararsi alla proposta d'acquisto

Come capire se iniziare una trattativa

Quando arriva il momento di firmare la proposta d'acquisto, l'acquirente potrebbe essere assalito da un dubbio realmente pericoloso, sia per lui, che continua a perdere tempo e a non comprare casa, sia per il povero proprietario, che credeva di aver trovato un cliente interessato a comprare: si domanda se effettivamente stia acquistando la casa giusta.

A questo proposito, se tu sei la persona interessata a comprare, leggi con calma questo paragrafo in modo da far luce su un argomento delicato come la scelta della casa. Se invece sei il venditore, non puoi abbassare la guardia nel momento sbagliato e rischiare di farti scappare l'acquirente. Qualcuno purtroppo ritiene di non essere responsabile della scelta finale del proprio acquirente e così si trova a perdere la possibilità di concludere la vendita del proprio immobile senza capire perché sia successo.

Allora, dato che per entrambi i contraenti questo paragrafo è importante, affrontiamo subito il discorso. Innanzitutto è importante capire perché l'acquirente può avere dei dubbi sulla bontà dell'acquisto che sta per fare e, in base ai motivi, aiutarlo a decidere. In secondo luogo dobbiamo considerare che sul mercato c'è tanta, anzi tantissima, offerta di immobili in tutta Italia. Questo rende difficile la scelta, proprio perché "c'è l'imbarazzo della scelta". La situazione descritta, quindi, dovrebbe far ragionare il venditore sulle possibili soluzioni da adottare per vendere, e l'acquirente sulle strategie per evitare di confondersi tra le innumerevoli occasioni.

Di solito l'acquirente cerca di vedere tutte le case proposte dalle agenzie immobiliari o di cui egli stesso è venuto a conoscenza, in quanto non vuole scartare nessuna opportunità e desidera essere sicuro di aver valutato tutti gli immobili che possono rientrare nelle sue possibilità o che possano essere di suo gradimento. Questo accade praticamente per la maggior parte delle persone visto il passo impegnativo che si sta per fare, mettendo in gioco la sfera affettiva, emotiva e non da meno quella economica. Noi usiamo dire che l'acquisto di una casa in Italia è più spesso l'acquisto di un mutuo più che dell'immobile perché effettivamente la casa è una proprietà "per modo di dire". In realtà l'acquisto vero è quello del mutuo, che il compratore si mette sulle spalle per diversi anni della sua vita. Di conseguenza è facile farsi sorprendere dalle preoccupazioni o dall'indecisione nella scelta dell'immobile adatto alle proprie esigenze (e questo vale anche per chi compra con contanti, perché il denaro da spendere è sempre consistente in entrambi i casi – se è nostro pesa per un motivo, se è di altri abbiamo contratto un debito, quindi è un bel macigno).

Tuttavia dobbiamo essere positivi e orientarci sulle soluzioni utili alla scelta della casa ideale per noi. Per iniziare, vogliamo dirti che la casa perfetta non esiste in nessun luogo in quanto ogni immobile è suscettibile di uno o più miglioramenti. Nemmeno se fossi tu a costruire la casa dei tuoi sogni potresti riuscire a renderla adatta in tutto e per tutto a te e alla tua famiglia; prima o dopo (quasi sicuramente prima di finire i lavori) ti renderai conto di aver fatto qualche errore o di desiderare dei cambiamenti. Questo fa parte della natura umana: della nostra costante insaziabilità e dei nostri nuovi bisogni, che sorgono di continuo.

Però, se hai la possibilità di decidere di acquistare la casa, che tra tutte quelle visionate corrisponde maggiormente a quella ideale, allora buttati e vedrai che andrà tutto per il meglio.

E come si fa a decidere qual è la casa migliore dopo che ne hai viste dieci, trenta o cinquanta? Uno strumento utile può essere una tabella in cui annotare le caratteristiche degli immobili dopo ciascuna visita. Tieni traccia dei particolari che ti hanno colpito, le sensazioni che hai provato immaginando di vivere nella casa, i difetti che ha e i miglioramenti che vorresti apportare. Questo trucchetto ti consentirà di tirare le somme dopo aver visto molti immobili e soprattutto di farlo anche a distanza di qualche mese dall'inizio della ricerca, dato che avrai a tua disposizione tutti gli elementi per decidere.

SEGRETO n. 1: quando vai a vedere immobili da comprare, tieni nota su una tabella di tutti quelli che hai visto indicando le caratteristiche, i particolari e gli eventuali lavori da fare per tirare le somme molto più velocemente oppure decidere anche a distanza di qualche mese.

A tal proposito ti suggeriamo, se invece sei il venditore, di lasciare ad ogni visitatore una scheda dettagliata e completa di immagini dell'immobile, cosicché la tua casa avrà più possibilità di rimanere in mente ad ogni possibile acquirente. Devi sapere che la scelta del tuo cliente potrebbe avvenire anche dopo tanto tempo, magari come ripiego dopo una trattativa non andata a buon fine per un altro immobile. Non devi pensare che chi scarta l'acquisto della tua casa oggi non tornerà sui suoi passi mai. Devi sapere che spesso molti interessati ritornano a distanza di tanto tempo.

Così facendo risparmierai tempo, sia come venditore sia come acquirente, in quanto potrebbero non essere necessari più di due sopralluoghi prima della decisione di comprare la casa visionata, e sarà facile accorgersi di aver trovato l'immobile più adatto. Si tratterà semplicemente di fare un bilancio di pregi e difetti delle case viste, valutando nella tranquillità di casa propria gli elementi essenziali cui non si vuole o non si può assolutamente rinunciare. Fatto ciò non resta che prepararsi ad affrontare la trattativa immobiliare.

Nota bene però che, se sei l'acquirente, la casa che cerchi deve essere realistica e la tua ricerca deve essere possibile. Ci spieghiamo meglio con un esempio. Se ami la tranquillità, sarà più facile trovare una casa in zone periferiche; mentre se desideri la comodità e i servizi, potresti dover accettare di vivere in posizioni più centrali o trafficate. E poi si sa: chi troppo vuole, nulla stringe, e questo vale anche per il venditore. Ma di questo parleremo più avanti.

SEGRETO n. 2: se stai cercando casa, devi essere realista su ciò che desideri e coerente sulle possibilità offerte dal mercato e dalla zona in cui stai cercando.

Abbiamo voluto fare questa precisazione perché non sempre è facile rendersi conto da soli di essere indecisi sulla scelta. Spesso il problema è che non si è fatta chiarezza tra le proprie priorità. Quindi, se ti stai identificando in questo profilo di acquirente, ora hai gli strumenti per decidere e scegliere più facilmente. Qualora tu sia disposto a rivolgerti anche alle agenzie immobiliari, fatti aiutare anche da loro a scartare immobili troppo lontani dalle tue aspettative.

Adesso vogliamo essere ancora più schietti; dato che ormai stiamo entrando in confidenza, possiamo svelarti un altro trucchetto utile per la tua scelta.

Hai già deciso quanto vuoi spendere per l'acquisto del tuo immobile? Se non l'hai fatto, fermati subito e non visionarne un altro, perché potrà solo confonderti le idee. Il budget di spesa è fondamentale per tranquillizzarsi perché ti permette di girare per agenzie e incontrare privati con una sicurezza maggiore sull'acquisto da fare. Inoltre, qualora dovesse intervenire un parente o la banca, in qualità di finanziatori, allora dovrai necessariamente avere la certezza dell'importo totale, che potrai spendere per l'acquisto. Non puoi limitarti ad avere un'idea indicativa della tua possibilità di spesa; così perderai solo molto tempo e ti sentirai frustrato nella ricerca del bene, che invece dovrebbe renderti più felice: la tua amata casa, in cui trascorrerai momenti indimenticabili!

SEGRETO n. 3: per essere più sicuro e più forte in trattativa, determina con esattezza il budget a tua disposizione e non basarti solo su un'idea indicativa soprattutto se per l'acquisto

ti farai finanziare da un parente o da una banca.

Ora, però, non hai ancora finito. Sapere quanto puoi spendere è importante, ma ti sarà utile solo se poi utilizzerai il valore definito per affinare la tua ricerca. Pertanto dovrai impegnarti a scartare gli immobili fuori budget prima ancora di vederli.

Teniamo a precisare questo particolare perché le visite alle case devono essere incentrate su immobili alla tua portata; è inutile ingolosirsi, senza poter arrivare a ciò che si vuole. Il nostro lavoro ci ha messo spesso di fronte a clienti con questa difficoltà e ti garantiamo che è davvero difficile dimenticare case fantastiche, sapendo di non poterle acquistare.

Questo è uno degli aspetti che più ostacolano la decisione di acquistare una casa piuttosto che un'altra. Certo, abbiamo sempre di fronte agli occhi quel gioiello che è fuori dalla nostra portata. Allora nella tua lista di cose da fare per scegliere la tua abitazione, considera anche di essere realistico riguardo alle pretese sull'immobile, in relazione alla cifra che hai a disposizione per comprare.

Perché fare una proposta d'acquisto scritta

Quando la trattativa avviene tra privati, capita di frequente di saltare la proposta d'acquisto e procedere direttamente con il contratto preliminare; chi agisce in questo modo, solitamente pensa che sia meglio non fare inutili scritture, anche per evitare il rischio di sbagliare qualcosa nella preparazione del documento, o per non dover pagare i costi di registrazione di un doppio contratto.

Invece, in realtà è necessario che in una compravendita, soprattutto tra privati, si seguano alcuni passi fondamentali, e il primo passaggio in assoluto è il perfezionamento dell'accordo; solo in un secondo momento si può procedere con la stipula del compromesso. In questo senso la proposta è lo strumento più efficace per raggiungere un punto d'incontro, un accordo solido tra le parti e la conclusione dell'affare.

Quando si decide di saltare la proposta, si sottovaluta che gli accordi per la vendita di un immobile riguardano più di un aspetto: non è rilevante solo il prezzo, ma anche la consegna o l'entità delle caparre; è su questi altri elementi poco considerati dai non addetti ai lavori che a volte si basa la conclusione positiva o negativa della trattativa. Approfondiremo questi aspetti nel capitolo 3, riguardante la compilazione di una proposta d'acquisto.

SEGRETO n. 4: nella conclusione positiva o negativa della trattativa non incidono solo il prezzo, la consegna o gli anticipi pattuiti, ma anche altri fattori molto spesso sottovalutati dai non addetti ai lavori.

Sia per chi desidera vendere sia per chi vuole acquistare, trovare il modo corretto di comunicare le proprie intenzioni riguardo a questi elementi è la chiave per raggiungere i propri obiettivi. Il contratto preliminare invece ricopre un ruolo differente e ha senso solo se fatto in un momento successivo: stiamo parlando di una scrittura integrativa, che riguarda accordi già perfezionati in precedenza, e non una tortura infinita di "botta e risposta" su condizioni ancora da stabilire.

Poco fa abbiamo fatto riferimento agli *obiettivi di una trattativa* e su quest'aspetto dobbiamo spendere due parole. Tutto ciò che leggerai in questo corso ha senso se ti sei fissato degli obiettivi riguardo a ciò che vuoi ottenere perché questo determina le azioni specifiche da compiere quando sei in trattativa con la controparte o con l'intermediario. Inoltre, l'obiettivo non può essere semplicemente *vendere* o *comprare* un certo immobile, ma dovrebbe essere ancora più specifico. Infatti, prima di avventurarti in una trattativa e in una proposta, dovresti fare mente locale sulle tue esigenze e conoscere esattamente il risultato che vuoi ottenere.

Inoltre pensa anche a quali sono le tue priorità in tal senso: per te è più importante il prezzo? Vuoi contenere le spese entro un certo limite? Hai altre necessità secondarie e accessorie alle quali non vuoi rinunciare? Questi sono tutti aspetti da valutare prima di iniziare il tuo percorso; diversamente non saprai nemmeno determinare se, quanto e fino a che punto le condizioni della trattativa siano favorevoli o meno.

Di conseguenza la proposta d'acquisto deve, necessariamente e senza alcuna eccezione, essere gestita in forma scritta e sottoscritta dal proponente (aspirante acquirente), che esprimerà le sue intenzioni direttamente al proprietario. Non esiste alcun caso in cui valga la pena di affrontare la trattativa in modo verbale; anzi noi possiamo affermare con certezza che, nel 90% dei casi, le proposte fatte a voce si perdono nel nulla. Il nostro lavoro di agente immobiliare ci ha fatto incontrare diversi privati che hanno perso la possibilità di vendere o comprare proprio per questo motivo.

Ti ricordiamo che, se sei interessato all'acquisto di un immobile e hai fatto chiarezza rispetto ai tuoi obiettivi non ci dovrebbe essere alcun problema a dimostrarlo per iscritto; chi non è disposto a farlo, forse non è realmente convinto di voler procedere con l'acquisto. Tutto sommato quello che si rischia è ottenere una risposta negativa, se le condizioni non sono quelle auspicate dal venditore.

Anche quando l'obiettivo è solo "tastare il terreno", a maggior ragione conviene dimostrare la propria serietà con una proposta scritta. Questo garantisce un vantaggio per entrambe le parti, quello di stabilire un lasso di tempo adeguato per dare la possibilità al venditore di riflettere sulla risposta e valutare l'offerta ricevuta. In questo modo l'acquirente avrà più chance di ottenere l'accettazione della sua offerta.

Quando due persone trattano *vis a vis*, solitamente tendono a concludere il discorso sul momento, senza rimandare la risposta. Purtroppo questo non consente le opportune riflessioni e così si valuta soltanto il *sì* o il *no* come possibile replica; per questo motivo difficilmente si raggiungerà una conclusione positiva, a meno che le parti non siano d'accordo su tutto sin dall'inizio. Questa ipotesi, però, è troppo bella per essere vera e si verifica solo raramente. Invece, ad esempio, una possibile risposta scritta del proprietario potrebbe essere: «*Accetto la presente proposta d'acquisto ad eccezione del punto X* – per ipotesi, prezzo di acquisto offerto – *che dovrà essere modificato da 150.000 a 155.000 euro*».

Come abbiamo visto, in questa semplice spiegazione, il fatto di presentare una proposta d'acquisto scritta consente di raggiungere un accordo per gradi, fissando via via i punti in cui venditore e acquirente la pensano allo stesso modo. Così si potrà lavorare successivamente sugli altri elementi.

Pertanto in totale tranquillità si passa da una prima bozza di accordo alla quale possono essere apportate delle modifiche strada facendo, e si arriva, quasi senza accorgersene, a stabilire tutti i punti fermi della compravendita. Ecco come si prepara il terreno per il passaggio successivo, ossia il contratto preliminare. Come vedi l'aspetto più interessante è la semplicità con cui abbiamo affrontato la trattativa, in modo indolore e, soprattutto, senza alcun litigio tra le parti. Questi sono solo alcuni dei vantaggi di una proposta d'acquisto, chiamiamoli "tattici"; è chiaro, però che è ancora più importante sapere come tradurre questi esempi in qualcosa di concreto, ed è proprio quello che vedremo nei prossimi paragrafi.

Cos'è in realtà una proposta d'acquisto

Fermiamoci un attimo per fare una piccola pausa e chiariamo quest'aspetto: la proposta d'acquisto non è un contratto bilaterale o almeno non inizialmente; forse lo diventerà successivamente se il proprietario dell'immobile sarà interessato ad accettare le condizioni offerte dal proponente. Si tratta, invece, di una sorta di "lettera" che quest'ultimo presenta al proprietario con lo scopo di iniziare la trattativa, in cui indica per iscritto le condizioni cui è disposto per concludere l'affare. La proposta in pratica serve per consentire al proprietario di valutare se l'offerta può essere interessante per lui. Fino a questo passaggio l'unica parte obbligata è il proponente, che s'impegna ad acquistare l'immobile nel caso in cui il venditore accetti la sua offerta. In questa fase primordiale, le parti – venditore e potenziale acquirente – iniziano una fase di contrattazione che, in caso di accordo, si trasformerà a tutti gli effetti in un contratto bilaterale. Questo documento poi, se le parti lo vorranno, potrebbe assumere valore di contratto preliminare di compravendita come illustrato nelle prossime pagine.

Come vedi la proposta d'acquisto e il contratto preliminare nascono con due funzioni diverse e non hanno nemmeno lo stesso valore; la prima è lo strumento per raggiungere un accordo tra le parti e il secondo quello per sancire definitivamente tutti i termini dello stesso.

Abbiamo parlato fino ad ora dei motivi per cui bisogna utilizzare la forma scritta per una proposta d'acquisto degna di essere chiamata tale, e abbiamo terminato il precedente paragrafo accennando qualcosa sul contratto preliminare di compravendita (spesso chiamato compromesso). Vediamo adesso, invece, nel dettaglio le differenze tra la proposta d'acquisto e il contratto preliminare.

Innanzitutto vogliamo chiarire una cosa banale, ma non sempre scontata per i non addetti ai lavori: una volta concluso un accordo attraverso la proposta d'acquisto, il contratto preliminare *non* è un'inutile ripetizione.

SEGRETO n. 5: una volta raggiunto un accordo con la proposta d'acquisto, il contratto preliminare di compravendita (o compromesso) non è un'inutile ripetizione della stessa.

La prima differenza sta nelle circostanze e nelle modalità con cui si svolgono i due passaggi. Come abbiamo detto, la proposta è principalmente l'elemento che accompagna la trattativa e che dovrebbe tradurla per iscritto. Solitamente l'accordo viene stabilito a distanza, in quanto una trattativa di questo tipo non va affrontata in presenza di entrambi i contraenti, ma attraverso uno scambio di scritture fatte in momenti differenti. Successivamente nel momento in cui l'affare si può definire concluso, ossia quando le parti hanno espresso un unico volere, allora possono riassumere, approfondire e disciplinare il tutto con il contratto preliminare di compravendita. Le due differenze sostanziali quindi sono che, per prima cosa, il compromesso prevede solo gli accordi finali che le parti hanno raggiunto e non tutti i passaggi necessari a stabilire quelle condizioni; in secondo luogo, mentre la proposta viene gestita a distanza, il contratto preliminare si sottoscrive in un unico momento, alla presenza di entrambi i contraenti con lo scopo di rafforzare e specificare nel dettaglio tutti gli elementi dell'accordo raggiunto.

A questo punto, dopo aver imparato come capire che è arrivato il momento di iniziare una trattativa, perché fare sempre per iscritto la proposta e cos'è in realtà una proposta, ripassa i 5 segreti di fine capitolo per prepararti alla trattativa e sarai pronto per affrontare il passaggio successivo con i giusti strumenti. Vedremo ora come gestire con successo la tua trattativa.

RIEPILOGO DEL CAPITOLO 1:

- SEGRETO n. 1: Quando vai a vedere immobili da comprare, tieni nota su una tabella di tutti quelli che hai visto indicando le caratteristiche, i particolari e gli eventuali lavori da fare per tirare le somme molto più velocemente oppure decidere anche a distanza di qualche mese.
- SEGRETO n. 2: Se stai cercando casa, devi essere realista su ciò che desideri e coerente sulle possibilità offerte dal mercato e dalla zona in cui stai cercando.
- SEGRETO n. 3: Per essere più sicuro e più forte in trattativa, determina con esattezza il budget a tua disposizione e non basarti solo su un'idea indicativa soprattutto se per l'acquisto ti farai finanziare da un parente o da una banca.
- SEGRETO n. 4: Nella conclusione positiva o negativa della trattativa non incidono solo il prezzo, la consegna o gli anticipi pattuiti, ma anche altri fattori molto spesso sottovalutati dai non addetti ai lavori.
- SEGRETO n. 5: Una volta raggiunto un accordo con la proposta d'acquisto, il contratto preliminare di compravendita (o compromesso) non è un'inutile ripetizione della stessa.

CAPITOLO 2:
Come vincere nella trattativa

Le basi di una trattativa

Spesso sembra molto stressante e complicato anche solo arrivare all'inizio della trattativa, ossia trovare una casa da comprare o un acquirente per il nostro immobile, mentre in realtà il bello inizia proprio in quel momento.

Addentriamoci, quindi, in questo passaggio delicato e determinante che influenzerà l'esito finale dell'affare: la proposta deve essere gestita strategicamente affinché si possa arrivare a un punto d'incontro. Quella che si svolge tra le parti è in ogni caso una negoziazione e va gestita con attenzione in tutti i dettagli, sia in caso di **accordo tra privati** sia in caso di **intervento dell'agenzia immobiliare**. Vediamo per entrambe queste casistiche quali sono i punti cardine della decisione.

Trattandosi di una negoziazione vera e propria, le parti devono essere consapevoli che, prima di ogni altra cosa, dovranno trovare un punto di incontro. Infatti, nella stragrande maggioranza delle trattative, si parte dalle idee dei due contraenti, che possono essere più o meno lontane. Difficilmente acquirente e venditore hanno le stesse intenzioni fin da subito, così come raramente si giungerà a una conclusione positiva dell'affare, se entrambi non si impegnano ad assecondare almeno in parte le richieste dell'altro. Per questo motivo è opportuno ricordare che in una trattativa (come in altre circostanze della vita), "quando si tira troppo la corda alla fine si spezza".

Se invece si è intenzionati a mediare, con il desiderio di trovare delle condizioni che soddisfino le esigenze di entrambi, si dovrà tenere conto dei tre **punti fondamentali di una trattativa**.

1. Il prezzo d'acquisto offerto

Questa è la variabile principale e solitamente, ma non sempre, ha un ruolo più importante fra i tre. Chiaramente quando si parla di prezzo, si troverà il venditore che lotterà per ottenere anche gli ultimi 1000 euro perché probabilmente avrà fatto molti sforzi e sacrifici per comprare quel bene. Mentre dall'altra parte ci sarà l'acquirente che, in previsione dei sacrifici che dovrà fare, cercherà di abbassare il più possibile la cifra finale da spendere. In entrambi i casi quello che serve è: rispetto, intelligenza e capacità di mettersi nei panni dell'altro. È ovvio che si debbano sempre mettere in primo piano gli interessi personali, ma allo stesso tempo è opportuno valutare anche le richieste della controparte e non considerarle per forza sproporzionate o troppo pretenziose.

Detto questo vogliamo chiarire un passaggio fondamentale: il prezzo non è l'unico elemento importante. Possiamo garantire personalmente di aver gestito numerose volte delle trattative in cui il prezzo non era l'elemento più influente; anzi addirittura è capitato che tra due offerte alcuni proprietari decidessero di accettare quella con il prezzo più basso perché prevedeva un anticipo più alto. Questo è un esempio da tenere bene a mente perché potrebbe rivelarsi determinante per concludere la trattativa a proprio favore. Può capitare che, in base alla situazione finanziaria, personale o lavorativa il venditore o l'acquirente potrebbero considerare il prezzo un fattore molto importante, ma non prioritario rispetto alle loro esigenze da soddisfare. Gli altri due cardini della **trattativa d'acquisto/vendita** sono quindi l'**anticipo** e la data del **rogito notarile/consegna** delle chiavi dell'immobile.

SEGRETO n. 6: il prezzo d'acquisto offerto dal proponente al venditore ha un ruolo importante nella trattativa, ma in base alle esigenze delle parti non sempre è l'elemento determinante per l'esito dell'affare

2. L'anticipo promesso dal proponente al venditore

Qui stiamo per mostrarti uno dei "punti caldi" del nostro lavoro di agenti immobiliari. Sicuramente non hai bisogno di noi per sapere che la *caparra* è una somma di denaro consegnata dall'acquirente al venditore come anticipo sul prezzo e serve a garantire la sua volontà di concludere l'affare. Quello che forse non sai (e questa è una domanda ricorrente dei nostri clienti) è che riguardo alla caparra non ci sono delle regole fisse, imposizioni su quando versare queste somme e a quanto devono ammontare. Ci sono invece solo delle consuetudini e delle abitudini diffuse. Ed è proprio a causa di queste "abitudini" che, nella maggior parte dei casi, i proprietari venditori degli immobili si aspettano di ricevere mediamente un anticipo complessivo pari al 10% del prezzo.

Soprattutto, quando il venditore dovrà a sua volta saldare delle spese o degli acconti per un nuovo acquisto, avrà questa necessità e, perciò, chi ha la possibilità di offrire una somma di denaro consistente a titolo di **caparra confirmatoria,** ha maggiore potere d'acquisto come acquirente. Questo significa che, se il proponente possiede una certa disponibilità liquida da usare per gli anticipi, potrà risparmiare anche il 15% sul prezzo della casa (o anche di più in alcune situazioni). Dovrà, però, "giocarseli subito", ossia fare in modo che nella proposta il peso maggiore sia attribuito proprio a quest'elemento. Tanto poi le somme verranno consegnate al venditore anche in due o tre momenti separati, ad esempio il compromesso, e in altre due date successive.

Ci è capitato a volte, proprio per cercare di abbassare il prezzo di un appartamento, di ricorrere a due espedienti legati alla caparra: nel primo caso, abbiamo richiesto alla banca un anticipo sul mutuo (in questa situazione le spese sono più alte, ma ne vale la pena a fronte di un risparmio consistente sul prezzo d'acquisto); nel secondo caso, invece, abbiamo proposto ai proprietari un rogito immediato con una consegna posticipata. Tieni presente che ci sono differenti strade per tutelare l'acquisto con consegna posticipata: fai le tue valutazioni insieme a un notaio di fiducia e vedrai che troverai il modo migliore per farlo.

In entrambi i casi, l'importante è avere la possibilità di "sbilanciare" la proposta d'acquisto a tuo favore. Il proponente può offrire ai proprietari l'opportunità di ricevere in tempi rapidi una cospicua quantità di denaro, in cambio di una riduzione del prezzo consistente. Allo stesso modo, il venditore può avvantaggiarsi di questo trucchetto al contrario, dicendo al proponente di aumentare il prezzo offerto e di tenersi in tasca ancora per un po' il suo denaro; oppure, meglio ancora, dimostrandosi molto "comprensivo" con chi non è in grado di proporre un buon acconto.

SEGRETO n. 7: gli anticipi possono essere uno strumento, sia per il venditore che per l'acquirente, da utilizzare per ottenere un beneficio sul prezzo o su altri elementi della trattativa.

3. La data del rogito notarile/consegna dell'immobile

La consegna dell'immobile spesso ha un ruolo secondario, nel senso che viene gestita come un punto fermo della trattativa, solitamente correlato alle esigenze di chi vende. In alcuni casi invece, può essere stabilita strategicamente, sia dagli acquirenti che dai venditori per poter ottenere delle condizioni interessanti sul prezzo o sugli anticipi.

Adesso ti spieghiamo cosa intendiamo. Sono rari i casi in cui la consegna dell'immobile ha una grande importanza, può capitare più che altro che il venditore abbia delle scadenze più rigide da rispettare, ma le parti bene o male hanno sempre un po' di margine di manovra, e hanno la possibilità di stabilire con una certa flessibilità la consegna dell'immobile. Ecco, questo non deve trasparire nella tua proposta, e in generale durante tutta la trattativa. In pratica, se la controparte ti fa intuire (e se non lo fa è compito tuo stimolarla perché ciò accada) che ha un'esigenza particolare legata alla consegna, tu devi puntare proprio su questo aspetto. Infatti hai la possibilità di far passare il messaggio che tu potresti valutare di concludere l'affare e portare avanti la proposta, ma che per te è proprio una grossa complicazione riuscire a rispettare la tempistica richiesta dall'altro. Così, se sei stato abbastanza convincente, dovresti poter riuscire a trasmettere la tua disponibilità a inserire delle modifiche nella proposta per far rispettare i tempi richiesti a una determinata condizione. Qui devi essere tu a decidere cosa preferisci ottenere. Noi abbiamo sempre preferito delle modifiche al prezzo, ma tu potresti decidere di chiedere qualunque altra cosa: potrebbe trattarsi di accordi riguardanti gli accessori dell'immobile, come cantina e box, o l'arredamento.

A te la scelta: ecco che abbiamo appena svelato una semplicissima tecnica per ottenere con la tua proposta un grande vantaggio con un piccolo accorgimento.

SEGRETO n. 8: fai domande per scoprire le esigenze della controparte sulla tempistica per la consegna dell'immobile: dimostrarsi flessibili su questo elemento ti aiuterà a ottenere altre condizioni per te più importanti della trattativa.

Il rapporto con l'agente immobiliare

Procediamo vedendo quali sono le strade migliori per interagire e comunicare con l'agente immobiliare, in modo da poterlo avere come nostro "alleato" nel raggiungimento dell'obiettivo che ci siamo fissati per la trattativa. Vorremmo, però, soffermarci su una riflessione che in alcune occasioni ci è capitato di fare con alcuni clienti: le case non si possono vendere, così come secondo noi non sono (o almeno non dovrebbero essere) gli agenti immobiliari a vendere le case; sono invece le persone che le comprano.

Forse ti starai domandando che senso ha tutto questo discorso o che cosa c'entri con il resto del corso. Te lo spieghiamo subito: serve solo per essere sicuri che tu ti ponga nel modo giusto e con il corretto stato d'animo, avendo ben chiari i ruoli.

Una cosa importante da chiarire, anche al tuo intermediario, è che lui non ha responsabilità sulle tue decisioni o richieste da portare all'altra parte e che lui dovrebbe limitarsi al ruolo di "ambasciatore" quando interagisce per tuo conto con la controparte. Sebbene quanto hai appena letto possa sembrare una cosa ovvia, nella realtà dei fatti non sempre lo è, e ci si ritrova di fronte, ad esempio, a intermediari che non sottopongono determinate proposte d'acquisto ai rispettivi destinatari (proprietari dell'immobile) o che non riportano al proponente le reali considerazioni e le risposte date dai venditori, limitandosi a una versione "ridotta".

Ripetiamo, siamo consapevoli che tutto ciò possa sembrare superfluo, ma siamo pronti a garantire in prima persona che molte trattative muoiono e finiscono sul nascere senza che le parti sappiano neanche il motivo. Molto spesso la causa è proprio quella che hai appena letto.

Pertanto, quando stai trattando con un intermediario, assicurati che lui abbia chiaro questo concetto e che non si senta caricato della responsabilità di riportare all'altra parte le tue richieste. Così facendo, invece di dover utilizzare le proprie energie per giustificare il suo operato, potrà utilizzarle per argomentare le vostre ragioni (anche quelle che voi avrete suggerito) e il vostro punto di vista.

Per quel che riguarda il mediatore, abbiamo già detto che devi metterlo in condizione di sentirsi libero da ogni responsabilità rispetto alle tue richieste specifiche, e pertanto il suo compito sarà solo quello di "raccogliere" la proposta riportandoti poi le eventuali controfferte del proprietario da buon "ambasciatore".

SEGRETO n. 9: per ottenere il massimo in una collaborazione con un agente immobiliare dovete chiarire tra voi i vostri differenti ruoli.

Nel tuo caso, invece, devi sapere che: se una trattativa tra due persone non si deve concludere, non si concluderà; mentre se ci sono le basi per una conclusione positiva, non è detto che questo avvenga. A questo proposito ne abbiamo davvero "viste delle belle". Sappi che questo dipenderà da te e dal tuo atteggiamento, non dalle condizioni in gioco nella proposta d'acquisto. La proposta funzionerà ottimamente da "amplificatore" per trasmettere il tuo approccio alle persone che hai di fronte e nella trattativa, ma non può "lavorare al posto tuo" e cambiare il tuo modo di mostrarti agli altri.

Per esempio, un acquirente può mostrare rispetto con il suo comportamento nei confronti del proprietario pur offrendo 50.000 euro in meno, così come potrebbe avere la capacità di porsi in modo errato e dare l'impressione opposta pur chiedendo anche solo una piccola diminuzione del prezzo. È una questione di modo di porsi, di atteggiamento.

Cosa intendiamo? Eccolo spiegato. Saper utilizzare la proposta in maniera strategica, come insegniamo in questo corso, non serve a convincere un acquirente a comprare una casa di cui non è convinto o a far accettare ai proprietari qualunque condizione; serve, invece, ad aumentare al massimo le possibilità che hai già a tua disposizione.

Cerchiamo sempre di ricordare che, praticamente tutti adorano fare acquisti, di qualunque tipo e in qualunque occasione, però tutti odiano quando qualcuno cerca di vendere loro qualcosa.

Per convincere qualcuno a comprare un immobile che non è di suo gradimento o accettare una proposta che non ritiene adeguata, si deve ricorrere ad altre strategie e alla capacità di creare empatia, ad esempio con la corretta comunicazione e con altri sistemi che non tratteremo in queste pagine.

Come ottenere il massimo nelle condizioni di una proposta d'acquisto e farle accettare alla tua controparte

Ora vedremo quale ordine seguire per ottenere il massimo in una trattativa e le condizioni a te più favorevoli. Innanzitutto, non c'è un massimo oggettivo, che vada bene per tutti; le condizioni espresse in una proposta vengono giudicate in modo soggettivo da chi in quel momento deve fare la trattativa. Ci sono persone, ad esempio, che curano meno l'aspetto del prezzo perché vogliono esporre il proprio capitale il meno possibile, quindi preferiscono spendere 10.000 euro in più sul prezzo per dare una caparra più bassa.

Al contrario ci sono altre disposte a versare anticipi di qualunque importo pur di riuscire a spuntare il miglior prezzo possibile. Tutto questo discorso ha senso anche per il punto di vista del venditore. Insomma puoi già capire che, la differenza nell'atteggiamento di alcuni rispetto ad altri, potrebbe far valutare la stessa offerta in modi totalmente diversi. Che tu sia il venditore o l'aspirante acquirente non cambia: il primo passaggio per addentrarti in una trattativa è far chiarezza tra le tue idee e decidere cosa desideri veramente: devi creare la tua scala di priorità. Sulla base della tua esperienza, del momento in cui ti trovi, del risultato che vuoi produrre, che cosa per te è più importante?

Se abbiamo detto che sostanzialmente i tre cardini principali (possono essercene altri secondari) sono prezzo, anticipi e tempi di conclusione della vendita, il tuo compito in questo momento è stabilire un ordine di importanza tra questi e i limiti (minimo e massimo) per ciascuno. Prese queste decisioni, il resto del percorso è in realtà in discesa: ti basterà tenere in considerazione ciò che hai letto nel paragrafo in cui abbiamo descritto i tre elementi di una trattativa. In pratica, devi impostare la tua argomentazione dimostrandoti accondiscendente con la tua controparte sull'elemento che ritieni meno rilevante per te e restare più rigido rispetto a ciò che per te è più importante. Nel "concedere molto", devi essere comunque strategico, facendo pesare ogni favore come se ti costasse parecchia fatica.

SEGRETO n. 10: devi stabilire un ordine di priorità tra le condizioni che vuoi ottenere in una trattativa, decidendo per ogni elemento (prezzo, anticipi e consegna) un limite massimo

e uno minimo.

La morale è che, durante una trattativa, devi far percepire al tuo interlocutore che hai concesso troppo (anche se in realtà qualcosa era superfluo) e che, quindi, non potrà richiederti ancora troppe modifiche della proposta prima di accettare le tue condizioni. Solitamente il tutto si gioca principalmente sul prezzo (almeno nel 60% delle trattative), poi sugli anticipi (altro 30%) e infine sulle tempistiche.

Prima di scendere nel concreto tu *devi* indagare quali sono le esigenze primarie della tua controparte: devi farlo in modo discreto ma concreto, e soprattutto fallo *prima* di passare alle fasi più calde della negoziazione. A questo punto, sulla base delle tue priorità e di ciò che hai scoperto della persona con cui devi trattare, agisci come ti abbiamo spiegato.

Quindi se capisci, ad esempio, che l'altra parte ha interesse a concludere l'affare entro giugno (e magari a te va benissimo) mentre per te è importante soprattutto il prezzo, fai capire (attraverso le note della proposta che vedrai nelle prossime sezioni) che per te sarebbe difficile concludere a giugno, perché preferiresti farlo in autunno. Ma in qualche modo ti darai da fare per soddisfare la richiesta. Aggiungi, poi, che questo potrebbe comportarti altre spese, ma in compenso per te non hanno grossa importanza gli anticipi (ricorda, comunque, che ti dovresti già essere fissato un limite minimo e uno massimo); insomma fai capire di voler mantenere un determinato prezzo per poter concludere subito l'affare.

Ormai sai come trattare, non ti resta che scrivere una proposta d'acquisto sicura e il gioco è fatto. Rivedi, quindi, i segreti della trattativa a fine capitolo e poi procedi con la prossima sezione per imparare subito come compilare la proposta.

RIEPILOGO DEL CAPITOLO 2:

- SEGRETO n. 6: Il prezzo d’acquisto offerto dal proponente al venditore ha un ruolo importante nella trattativa, ma in base alle esigenze delle parti non sempre è l’elemento determinante per l’esito dell’affare
- SEGRETO n. 7: Gli anticipi possono essere uno strumento, sia per il venditore che per l’acquirente, da utilizzare per ottenere un beneficio sul prezzo o su altri elementi della trattativa.
- SEGRETO n. 8: Fai domande per scoprire le esigenze della controparte sulla tempistica per la consegna dell’immobile: dimostrarsi flessibili su questo elemento ti aiuterà ad ottenere altre condizioni per te più importanti della trattativa.
- SEGRETO n. 9: Per ottenere il massimo in una collaborazione con un agente immobiliare dovete chiarire tra di voi i vostri differenti ruoli.
- SEGRETO n. 10: Devi stabilire un ordine di priorità tra le condizioni che vuoi ottenere in una trattativa, decidendo per ogni elemento (prezzo, anticipi e consegna) un limite massimo e uno minimo.

CAPITOLO 3:
Come compilare la proposta

Ora che abbiamo visto insieme come prepararsi prima della proposta e come gestire la trattativa a tuo vantaggio, dobbiamo necessariamente vedere come compilare la proposta d'acquisto al meglio, per avere la tranquillità di sottoscrivere un contratto valido. Innanzitutto un contratto, per avere valore giuridico, deve essere completo degli elementi essenziali.

Il primo elemento è l'accordo tra le parti, che deve scaturire liberamente dalla trattativa tra venditore e acquirente senza che nessuno dei due sia stato forzato da nessuno. Nella fattispecie della proposta d'acquisto, il proponente s'impegna unilateralmente all'acquisto dell'immobile a condizione che il proprietario accetti l'offerta dell'altro contraente e lo avvisi della sua decisione di concludere l'affare entro i termini stabiliti. Un altro elemento essenziale è l'oggetto dell'accordo, ossia la prestazione che un contraente eseguirà a favore dell'altro e che nella compravendita è il pagamento di una somma di denaro in cambio della cessione della proprietà dell'immobile. Poi, abbiamo la causa del contratto, ossia il motivo per cui esso è sottoscritto, infine la forma. La forma può essere verbale, scritta o costituirsi in atto pubblico. Noi consigliamo la forma scritta per la proposta d'acquisto. Questa può essere anche verbale, ma abbiamo visto che non conviene perché è difficile dimostrare di aver preso determinati accordi. Infine l'atto pubblico è la forma obbligatoria per la stipula dell'atto definitivo di compravendita, che dovrà essere necessariamente sottoscritto di fronte ad un notaio.

SEGRETO n. 11: studia bene la procedura e tutti i passaggi della proposta d'acquisto: solo così potrai avere la certezza e la tranquillità di sottoscrivere un contratto valido.

Fatta questa breve premessa, vediamo nel dettaglio come si scrive la proposta d'acquisto. Visto che ormai ti sarai convinto che vale la pena avvalersi di questo utilissimo documento. Innanzitutto la proposta viene preparata dal proponente, anche tramite l'aiuto dell'agente immobiliare (questo non è obbligatorio, si può fare anche privatamente), ed è indirizzata al proprietario dell'immobile. Pertanto i primi elementi da inserire sono i dati del venditore:

All'attenzione di (nome e cognome del proprietario)
Via ……… n. ….
CAP … Località ……… (…… provincia)

Subito dopo inserisci i dati del proponente utilizzando questa formula:

Il sottoscritto ……………………………… nato a ……………………… il ………………, residente a …………………… via……………, codice fiscale …………………… promette irrevocabilmente di acquistare a corpo e non a misura l'immobile descritto al punto 1) *della presente proposta d'acquisto, comprensivo della quota delle parti comuni, alle condizioni elencate di seguito.*

Qualora ti avvalessi dell'intermediazione di un agente immobiliare, dovrai specificare altresì i suoi riferimenti identificativi e probabilmente sarà lui stesso a richiedere che questo avvenga perché gli è utile per dimostrare il suo diritto a ricevere il compenso pattuito con le parti, acquirente e venditore. Questa è la migliore occasione per verificare che il tuo mediatore di fiducia abbia tutte le "carte in regola", in particolare l'iscrizione al ruolo degli agenti immobiliari (requisito essenziale per svolgere la professione e, soprattutto, per poter richiedere la sua provvigione).

SEGRETO n. 12: se ti rivolgi a un agente immobiliare affinché ti assista nella presentazione della proposta d'acquisto, verifica sempre che sia iscritto all'albo degli agenti immobiliari.

Ora specifichiamo i dati identificativi del bene immobile, che stai per acquistare o vendere, indicando questa sezione della proposta come primo punto:

Punto 1) Dati dell'immobile

Descrizione dell'immobile
Ubicazione: comune, via, numero civico
Proprietà: nome del proprietario/dei proprietari
Destinazione d'uso: vedi cosa è indicato sull'atto di provenienza

Descrizione: utilizza la dicitura che trovi sull'atto di provenienza
Riferimenti catastali: li trovi sulle visure catastali
Atto di provenienza: compravendita/successione/donazione
Spese condominiali annue: euro ....
(Solo se l'immobile è occupato da inquilino) Locato al signor .... al canone annuo di Euro .... con contratto scadente il ....

Un'altra sezione davvero importante sia per l'acquirente sia per il venditore è quella in cui inserire le dichiarazioni di quest'ultimo: si tratta di affermazioni relative all'immobile che il proprietario conferma firmando l'accettazione della proposta e con cui contestualmente si assume la responsabilità. In particolare riguardano lo stato degli impianti tecnologici in esso installati, la situazione urbanistica e quella ipotecaria dell'immobile. Questo è un punto da compilare con molta attenzione perché il venditore deve dare le informazioni corrette per non avere problemi e non dover spendere somme impreviste per adeguare l'immobile a quanto ha dichiarato nella proposta d'acquisto. Al tempo stesso, l'acquirente deve verificare lo stato della casa che sta acquistando affinché sia conforme alle proprie aspettative. Vediamo ogni dettaglio, per comprendere meglio di cosa stiamo parlando.

Punto 1/a) Dichiarazioni del venditore

Con l'accettazione della presente proposta il venditore dichiara e conferma che:

- l'immobile è conforme alle norme edilizie e urbanistiche e che la scheda catastale è aggiornata allo stato di fatto dell'immobile;
- che gli impianti tecnologici sono conformi con certificazione del .... (inserire la data delle certificazioni disponibili) non conformi alle normative vigenti/saranno conformi entro la stipula dell'atto definitivo di compravendita;
- con riguardo all'esistenza di iscrizioni e/o trascrizioni pregiudizievoli, non esiste nulla di pregiudizievole alla vendita/l'immobile è gravato da ipoteca volontaria a favore di banca .... a garanzia di un mutuo residuo di euro .... /l'immobile è gravato da ipoteca giudiziale .... (specificare il tipo di elemento pregiudizievole alla vendita).

Il punto 1/b) invece riguarda ciò che dichiara il proponente:

Punto 1/b) Dichiarazioni del proponente

Il proponente dichiara che le unità immobiliari sopra descritte sono state visitate e sono piaciute e che quindi verranno trasferite nello stato di fatto in cui si trovano, comprensive delle quote di parti comuni ai sensi dell'art. 1117 c.c. Dichiara altresì di aver ricevuto copia e di aver preso visione del regolamento di condominio (quest'ultima dichiarazione naturalmente serve solo nel caso in cui l'immobile sia situato in un contesto condominiale).

SEGRETO n. 13: se sei il venditore, abbi cura di fornire informazioni dettagliate sull'immobile; se sei l'acquirente verifica con attenzione che l'immobile corrisponda alle tue aspettative.

Ora "viene il bello", parliamo di soldi.

Punto 2) Prezzo dell'immobile

Prezzo di acquisto offerto €………………… (euro…………………) (scrivere il prezzo in cifre e in lettere)

Qui si dovrà semplicemente indicare la somma che l'acquirente è disposto a pagare per comprare la casa, specificando preferibilmente la dicitura in cifre e in lettere, in modo da non avere dubbi sull'interpretazione del contratto qualora dovessero insorgere future contestazioni. Anche il punto 3) tocca le tasche di venditore e proponente:

Punto 3) Condizioni di pagamento

a) Contestualmente alla firma della presente proposta d'acquisto vengono versati € .... (in cifre) (euro..................................) (in lettere), a titolo di deposito fiduciario a mani dell'agente immobiliare/del venditore che rilascia ricevuta con assegno bancario/postale/circolare n. .... non trasferibile, intestato al venditore, tratto sulla banca .... agenzia n. .... l'agente immobiliare è autorizzato fin da ora dal proponente a consegnare tali somme al venditore nel momento in cui il proponente avrà ricevuto comunicazione dell'accettazione del venditore e cioè alla conclusione del contratto come previsto ai punti 7) e 8) della presente. In tal caso la somma da deposito fiduciario diverrà caparra confirmatoria.

A questo punto è utile fare una precisazione relativa alla possibilità del venditore di incassare l'assegno perché spesso e volentieri le discussioni iniziano proprio da qui. Innanzitutto, le somme potranno essere incassate solo dopo che il proponente ha preso visione dell'accettazione del proprietario e questo passaggio deve essere dimostrato per iscritto, preferibilmente facendo in modo che questi riceva e sottoscriva di aver ricevuto una copia della proposta accettata.

Inoltre, non è sufficiente notificare l'accettazione al cliente per considerare concluso il contratto, perché potrebbero essere state inserite nella proposta anche delle condizioni che sospendono la validità dell'accordo (hai mai sentito parlare di condizioni sospensive? Tra poco vedremo di cosa si tratta). Se il proponente ha inserito una di queste clausole, purtroppo bisognerà attendere il verificarsi dell'evento che sospende il contratto e fino a quel momento l'assegno sarà solo una garanzia dell'impegno preso, ma non denaro da incassare.

Se tutto andrà per il meglio, il proprietario potrà poi ricevere anche altre somme prima della stipula del rogito notarile e queste dovranno essere indicate fin da subito nella proposta d'acquisto per specificare anche tutti gli accordi futuri e non pensarci più.

Punto 3/b) Pagamenti successivi

> Verranno, poi, versate le seguenti somme:
> € .... (euro ....) entro e non oltre il .... con assegno circolare non trasferibile a titolo di .... Le parti in tale occasione riprodurranno il contenuto del presente contratto al fine di aggiungervi gli aspetti non disciplinati nello stesso, sottoscrivendo un contratto preliminare di compravendita.
> € .... (Euro ....) entro e non oltre il .... con assegno circolare non trasferibile, a titolo di .... € .... (euro ....) entro e non oltre il .... con assegno circolare non trasferibile a titolo di ....

Per ogni pagamento, che l'acquirente s'impegna a fare, è fondamentale specificare a quale titolo sarà eseguito, poiché in caso di futuro disaccordo tra i contraenti questo inciderà sulle modalità di risoluzione del contratto. In particolare i pagamenti, che avvengono tra la proposta e il rogito notarile, possono essere di diversa natura: deposito fiduciario, caparra o acconto prezzo.

Il deposito fiduciario dice già di per sé nel nome di cosa si tratta: è un assegno, una somma che si consegna come garanzia dell'impegno del proponente a portare a termine ciò che ha promesso con la proposta. Non può essere incassato fino a che il potenziale acquirente non sia stato messo a conoscenza dell'accettazione del venditore. Inoltre, qualora il contratto sia sottoposto a una condizione sospensiva (di cui parliamo più avanti), tali somme rimarranno comunque solo una garanzia. Pertanto non possiamo assolutamente considerare il deposito fiduciario al pari di una caparra. Quest'ultima, invece, può essere penitenziale o confirmatoria.

La caparra *penitenziale* è il corrispettivo del diritto di recesso, cioè è il prezzo stabilito in anticipo dalle parti per consentire a entrambi di recedere unilateralmente dal contratto senza ulteriori richieste e obbligazioni da parte dell'altro contraente. In sostanza l'acquirente perde la caparra versata e il venditore restituisce la stessa oltre a una somma di pari importo (quindi il doppio della caparra).

La caparra *confirmatoria* invece è la somma di denaro, che si consegna al venditore, per confermare la serietà del vincolo contrattuale e ha valore di anticipo del prezzo stabilito. In pratica, se la parte che ha versato la caparra si rende inadempiente, il venditore può, solo se vuole, decidere di recedere dal contratto trattenendo la caparra come risarcimento del danno subito; se invece è inadempiente colui che ha incassato la caparra, l'acquirente può recedere dal contratto e pretendere la restituzione delle somme versate oltre a un ulteriore somma pari alla caparra (sostanzialmente può richiedere il doppio della caparra a titolo di risarcimento dei danni).

Allora qual è la differenza tra i due tipi di caparra? La differenza sta nel fatto che la caparra penitenziale permette di risolvere il contratto semplicemente perdendo del denaro, mentre la caparra confirmatoria dà la possibilità a uno dei due contraenti di impedire all'altro di ritirarsi. Chiaramente la caparra penitenziale è un vincolo tra le parti molto meno forte della caparra confirmatoria, che invece viene utilizzata nella maggioranza dei casi e che anche noi ti consigliamo di utilizzare per la tua tranquillità.

L'acconto, infine, viene utilizzato semplicemente quando si vogliono aggiungere dei successivi anticipi rispetto alle caparre; devi tenere presente, però, che queste somme vengono restituite all'acquirente in caso di risoluzione del contratto al contrario di ciò che succede con il versamento di una caparra (penitenziale o confirmatoria).

Dopo aver definito tutti i pagamenti intermedi, è il momento di vedere come si compila la parte relativa all'atto definitivo. Puoi utilizzare, ad esempio, delle frasi come quelle che seguono:

Punto 3/c) All'atto notarile

€ .... (euro ....) con assegno circolare non trasferibile intestato al venditore € .... (euro ....) a totale saldo del mutuo residuo del venditore intestato a banca .... €................. (euro.................) con intervento di un ente finanziatore scelto dal proponente.

L'importo del finanziamento sarà messo a disposizione del venditore dal notaio rogante, esperite le formalità necessarie. L'atto notarile verrà stipulato entro il ……………… dal proponente o da un'altra persona fisica e/o giuridica che dovrà essere nominata almeno 20 giorni prima, e si terrà presso lo studio notarile del Dott. …………………… con sede in ……………, via………… n. ….. Ogni spesa, imposta o tassa inerente all'acquisto sarà a carico del proponente escluse solamente quelle, per legge, a carico del venditore. L'immobile oggetto della presente, al momento dell'atto notarile, dovrà essere libero da oneri e pesi, trascrizioni pregiudizievoli, pignoramenti, iscrizioni ipotecarie, ed essere in regola con la normativa edilizia e urbanistica. Dovrà essere trasferito nello stato di fatto in cui si trova, come visto e gradito, con tutte le servitù attive e passive.

Ora vediamo il punto relativo alla consegna dell'immobile, altro tassello importante da stabilire per evitare brutte sorprese. Innanzitutto vogliamo consigliarti di non fare eccezioni: il pagamento del saldo prezzo deve coincidere con la consegna delle chiavi dell'immobile, quindi né il venditore dovrebbe consentire l'utilizzo della casa in anticipo né l'acquirente dovrebbe pagare tutta la somma pattuita prima del rogito. Naturalmente possono esserci delle eccezioni, soprattutto quando non ci sono alternative possibili, ma sarebbe meglio evitare deroghe; l'esperienza ci ha insegnato a non far entrare l'acquirente in possesso dell'immobile, se non è stato interamente pagato il prezzo.

Qualche proprietario potrebbe pensare che, consegnando le chiavi all'acquirente, tutto sommato la proprietà sarebbe ancora sua, ma se ci fossero dei disguidi ti garantiamo che sarebbe molto complicato riuscire a riappropriarsi del bene, soprattutto se, ad esempio, l'acquirente ha un figlio minore.

Allo stesso tempo, anche il venditore che riceve l'intera somma e vuole tardare a stipulare il rogito sarebbe inadempiente, ma i tempi per dimostrare di avere ragione sono comunque lunghi e nel frattempo il fiducioso acquirente non avrebbe più il suo denaro e nemmeno la casa. Evitiamo, poi, di approfondire le casistiche peggiori come i casi di incidente o di morte prima del rogito. Pertanto, a nostro avviso, è meglio scrivere questo punto in ogni proposta che si rispetti:

Punto 4) Consegna dell'immobile

L'immobile verrà consegnato all'acquirente alla data del ……………………… (rogito – oppure indicare la data in cui avverrà la consegna delle chiavi, se si stabilisce che sarà precedente o successiva all'atto notarile), libero da cose e persone, salvo il caso in cui sia occupato da inquilino come indicato al punto 1), con obbligo del venditore di conservarlo fino a quel momento con la diligenza del buon padre di famiglia.

SEGRETO n. 14: il pagamento e la consegna dell'immobile sono i passaggi più spinosi. Fai attenzione a valutare tutte le variabili del caso.

Se finora ti avevamo richiesto la massima attenzione, questo è il momento di essere ancora più dedicati alla lettura e alla comprensione di questo corso perché stiamo per vedere cosa s'intende per proposta irrevocabile d'acquisto. Prima di ogni altro aspetto, vogliamo dirti che la proposta non è sempre irrevocabile e soprattutto non è obbligatorio che lo sia: il proponente può liberamente decidere di impegnarsi per un certo periodo (di solito quindici giorni) a garantire la sua intenzione di procedere con l'acquisto dell'immobile che gli interessa. Oppure può verificarsi il caso di un acquirente, che non ha intenzione di sentirsi obbligato nei confronti del venditore, finché quest'ultimo non si decida ad accettare la proposta; in questo caso il proponente non indica che l'offerta è irrevocabile, per avere la possibilità di ripensarci in qualunque momento antecedente l'accettazione del venditore. Solitamente tuttavia nelle agenzie immobiliari si utilizza la proposta irrevocabile, che prevede il punto indicato di seguito:

Punto 5) Termine d'irrevocabilità della proposta

La presente proposta è irrevocabile per 15 giorni da oggi, ovvero fino al giorno .... compreso (noi consigliamo di lasciare 30 giorni di tempo al venditore per decidere perché, una risposta data frettolosamente, potrebbe rivelarsi quella errata per entrambi i contraenti).

Entrambe le possibilità sono corrette, si tratta semplicemente di scegliere quella più adatta a te. Inoltre, devi tenere in considerazione che anche l'accettazione del venditore può essere revocabile, quindi è bene specificare quest'aspetto nella proposta d'acquisto. Più avanti vedremo di cosa stiamo parlando. È fondamentale, però, che la revoca del proponente o dell'accettazione del venditore pervenga alla controparte prima dell'accettazione nel primo caso, o prima della notifica dell'accettazione della proposta all'acquirente.

Forse ti sembrerà scontato, ma ormai dovresti conoscerci un pochino e sapere come la pensiamo su cosa dare per assodato e su cosa, invece, deve essere messo per iscritto. Giusto? Allora ti interroghiamo! Cos'è meglio scrivere in una proposta d'acquisto?

Tutto. Tutto. Tutto! Anche ciò che ci sembra più scontato e banale, anche quando ci sembra di aver preso un accordo verbale solido, anche se abbiamo fatto amicizia con il venditore o con l'acquirente. Ricorda che se gli accordi sono chiari e stabiliti per iscritto, si va d'amore e d'accordo fino al rogito. Pertanto anche il rapporto con l'agente immobiliare deve essere gestito allo stesso modo, anzi sarebbe proprio lui stesso a dover trattare il cliente con professionalità affinché il rapporto sia paritetico e basato su principi di lealtà.

A questo proposito, un modo per valutare le sue intenzioni è verificare che nella proposta d'acquisto sia stata inserita una dicitura simile a questa:

Punto 6) Comunicazione della proposta al venditore

L'agente immobiliare si obbliga a dare immediato avviso della presente proposta al venditore.

Infatti, se un'agenzia immobiliare propone al cliente di firmare un contratto tutelante per tutti, allora ci dimostra in partenza che le sue intenzioni sono buone e che possiamo contare su un comportamento etico. Naturalmente non possiamo certo avere la garanzia che tutto andrà per il meglio, ma almeno ci sono i presupposti.

SEGRETO n. 15: la proposta d'acquisto deve essere compilata in modo che comprenda ogni singolo aspetto della trattativa, anche il più banale.

Un altro punto fondamentale da inserire per completare la tua proposta è quello sulle modalità di conclusione del contratto.

Effettivamente abbiamo già precisato in precedenza che la proposta d'acquisto non è un contratto bilaterale, ma è un atto unilaterale recettizio: ovvero un documento che una persona invia a un'altra e che deve essere ricevuta da quest'ultima per avere valore giuridico.

Fino a questo momento l'impegno vale solo per colui o colei che ha inviato il documento all'altra persona, mentre quest'ultima avrà tempo per valutare se l'offerta è interessante e, di conseguenza, se vale la pena accettarla.

Il venditore, appunto, riceve la proposta d'acquisto dal proponente e invia un altro atto unilaterale quale risposta positiva o negativa, che per brevità chiameremo accettazione (anche se non sempre la proposta d'acquisto viene accettata). Siccome, però, questo passaggio è fondamentale per la manifestazione di volontà dei contraenti – elemento essenziale per la validità del contratto sottoscritto – deve essere specificato in una sezione dedicata della proposta d'acquisto e possiamo usare una formula simile a quella che segue:

Punto 7) Conclusione del contratto (contratto preliminare)

La presente proposta si perfezionerà in vincolo contrattuale (contratto preliminare) non appena il proponente avrà conoscenza dell'accettazione della proposta stessa da parte del venditore; tale comunicazione potrà pervenire al proponente anche tramite l'agente immobiliare agli indirizzi sopracitati mediante trasmissione a mezzo telegramma o raccomandata con ricevuta di ritorno.

Questo è un punto importantissimo per la validità dell'accordo perché spiega nel dettaglio come il vincolo giuridico si perfeziona, e non lascia spazio a dubbi di nessun tipo.

Come ti avevamo accennato in corso d'opera, sarebbe venuto il momento di parlare di condizioni sospensive e risolutive. Ecco, questo è il momento migliore per farlo perché dobbiamo inserirle nel nostro contratto per tutelarci da possibili avvenimenti spiacevoli. Solitamente, infatti, possono essere utili all'acquirente per garantire la somma lasciata a titolo di deposito fiduciario e, in particolare, vengono inserite spesso per sospendere la validità dell'accordo fino al buon esito della richiesta di mutuo o alla vendita di un immobile di proprietà dell'acquirente per finanziare il nuovo acquisto. Un'altra ipotesi è prevedere una condizione risolutiva, utile a invalidare il contratto in caso di esistenza di elementi pregiudizievoli alla vendita dell'immobile. Queste condizioni possono essere utilizzate anche dal venditore al momento dell'accettazione della proposta, se c'è la necessità di tenere una porta aperta per sciogliere i vincoli tra i due contraenti. Per il momento, ci concentriamo sulle condizioni poste dall'acquirente perché del venditore ci occuperemo alla fine di questo paragrafo. Allora vediamo le varie possibilità che l'acquirente ha per tutelarsi:

Punto 8) Clausola risolutiva espressa

Qualora si perfezionasse l'accordo contrattuale tra le parti, come previsto dal precedente punto 7), i contraenti di comune accordo sottopongono il contratto preliminare così concluso alla presente clausola risolutiva relativa alla verifica dell'assenza di iscrizioni e/o trascrizioni pregiudizievoli dell'immobile oggetto del contratto, a eccezione di quanto dichiarato dal venditore al punto 1/a). L'agente immobiliare (questa parte si inserisce solo quando ci si avvale dell'intervento di un mediatore) si obbliga, con la

sottoscrizione della presente, a eseguire, a sua cura e a spese della parte acquirente, tale verifica nel termine di 30 giorni dal perfezionamento del vincolo contrattuale di cui al punto 7). L'assegno di caparra, indicato al punto 3), verrà consegnato al venditore per volontà delle parti solo all'esito positivo di tale verifica.

Come vedi il punto 8) è necessario per sciogliere immediatamente i vincoli del contratto, senza dover iniziare a discutere o addirittura intraprendere una causa legale, qualora ci si dovesse accorgere che l'immobile ha dei problemi quali iscrizioni e/o trascrizioni pregiudizievoli.

Tieni presente, però, che non è obbligatorio mandare tutto a monte anche quando ci sono gravi problemi da risolvere o ipoteche da cancellare. Un notaio o un bravo agente immobiliare possono consigliarti sul modo migliore di affrontare la questione. Qualsiasi difficoltà può essere gestita e l'acquirente potrebbe addirittura avvantaggiarsi di una situazione scomoda per il venditore, poiché è difficile trovare persone pronte a prendersi carico di qualche impegno in più a fronte di un risparmio sul prezzo di acquisto. Questo, però, non è in tema con gli argomenti di questo corso e, di conseguenza, ti rimandiamo dal solito notaio o agente immobiliare di cui parlavamo poc'anzi.

Punto 8/a) Clausola sospensiva

Ecco due esempi di condizioni sospensive che puoi inserire nella tua proposta; scegli quella a te più congeniale o inserisci entrambe. Se tu sei il venditore, invece, consigliale all'acquirente per tranquillizzarlo e invogliarlo a iniziare una trattativa con te.

La validità della presente proposta è subordinata all'esito positivo di una richiesta di mutuo, effettuata dal proponente presso un ente finanziatore scelto a cura dello stesso e congrua per l'acquisto dell'immobile oggetto della presente. Tale responso positivo dovrà essere ricevuto dal proponente, ed essere reso noto al proprietario entro la data del ...., diversamente la proposta perderà di efficacia a tutti gli effetti e nulla sarà dovuto al proprietario dell'immobile (e all'agente immobiliare) a nessun titolo.

Oppure:

La validità della presente proposta è subordinata alla vendita di un immobile di proprietà del proponente sito in .... via .... entro la data del ...., diversamente la proposta perderà di efficacia a tutti gli effetti e nulla sarà dovuto al proprietario dell'immobile (e all'agente immobiliare) a nessun titolo.

Tieni duro, siamo quasi al termine della compilazione della proposta; infatti, ciò che segue sono elementi utili a completare il tuo documento, ma più che altro servono come rifinitura per renderlo preciso e definitivo. Infatti, il punto 9) dovrai aggiungerlo solo ed esclusivamente se vuoi rivolgerti a un agente immobiliare: esso serve per stabilire come, quanto e se dovrai pagare il tuo mediatore di fiducia. Vediamo insieme di cosa si tratta:

Punto 9) Compenso di mediazione e restituzione somme

a) Il proponente dichiara di riconoscere e accettare la mediazione dell'agente immobiliare Sig. .... ruolo n. ...., a favore del quale si impegna a versare la provvigione del .....% (......... per cento) + iva, sul prezzo di acquisto pattuito alla data prevista per il primo versamento di cui al punto 3/b) o, in mancanza di questo, entro 30 giorni dalla data di comunicazione dell'accettazione della presente proposta.

b) in caso di mancata accettazione della presente proposta da parte del venditore, o di esito negativo della verifica di cui al punto 8) di esito negativo della richiesta di mutuo/della mancata vendita dell'immobile sito a ...., via........................... (scegli la clausola o le clausole che hai inserito e ribadiscile in questa parte), il proponente avrà diritto alla immediata restituzione da parte dell'agente immobiliare delle somme consegnategli a titolo di deposito e nulla sarà dovuto allo stesso a nessun titolo.

Come vedi stiamo tutelando l'agente immobiliare garantendogli il giusto compenso. In realtà anche il proponente ha la tranquillità di essersi rivolto a un professionista iscritto al ruolo (e ne citiamo i riferimenti) e di aver definito quanto dovrà pagare senza avere future sorprese o richieste di denaro che non si aspettava. Inoltre, utilizzando questa dicitura, non solo non sarà dovuta alcuna provvigione in caso di mancata conclusione dell'affare, ma il proponente avrà diritto all'immediata restituzione del deposito fiduciario senza dover discutere nemmeno per un attimo con l'agente immobiliare. Infine, completiamo la nostra proposta d'acquisto con il punto 10):

Punto 10) Registrazione del contratto e spese

Ai sensi e per gli effetti dell'art. 5 DPR 131/1986 la presente proposta, in caso di perfezionamento in vincolo contrattuale, sarà registrata entro 20 giorni. I costi di registrazione, ex. art. 1475 c.c., saranno a carico del proponente, che si assume fin da ora l'obbligo di sostenerle.

Riguardo questo passaggio, vogliamo solo precisare che la proposta si perfeziona in vincolo contrattuale, quando si verificano le condizioni inserite al punto 8), quindi prima di allora non dovrai registrare il contratto e i venti giorni di tempo per farlo iniziano a partire dalla data in cui si sono verificati gli eventi descritti dalle clausole.

Ora, dopo aver elencato tutti i punti che costituiscono la proposta d'acquisto, non ti resta che indicare lo sportello di conciliazione per eventuali problemi derivanti dal contratto e, in seguito, aggiungere eventuali note necessarie a chiarire nello specifico qualche aspetto particolare degli accordi stabiliti. Ecco cosa scrivere.

Sportello di conciliazione

Le parti hanno la facoltà di sottoporre le eventuali controversie derivanti dal presente contratto al tentativo di conciliazione previsto dallo Sportello di Conciliazione della locale Camera di Commercio, ove istituito.
NOTE:
....
....

Ora che la proposta d'acquisto è completa, almeno dal punto di vista di ciò che deve scrivere l'acquirente prima di presentarla al proprietario dell'immobile, dobbiamo prevedere uno spazio in cui quest'ultimo possa accettare le condizioni offerte dal proponente, modificarle secondo le sue esigenze o rifiutarle integralmente.
Questa parte potrebbe essere scritta come segue:

Accettazione del venditore

Il sottoscritto (indicare nome e cognome del venditore) preso atto del contenuto della presente proposta d'acquisto, dichiara di accettarla irrevocabilmente (oppure non scriviamo "irrevocabilmente" e, quindi, sarà possibile revocare l'atto di accettazione prima che questo pervenga tra le mani del proponente) e integralmente in tutti i suoi punti, confermando tutto quanto previsto ai punti 1) 1/a) e 3), nonché la clausola risolutiva indicata al punto 8).

Luogo e data ....

Firma del venditore per accettazione della presente proposta

....

Quest'ultima dicitura deve essere specificata accanto o sotto la firma del venditore, per evitare arbitrarie interpretazioni del contratto e, in particolare, che in futuro si possa dire che la firma non era stata apposta per accettare. Ci rendiamo conto di sembrare esagerati, in quanto tendiamo a essere molto precisi su alcuni punti, ma l'esperienza ci ha insegnato a scrivere sempre una cosa in più anziché una in meno.

Qualora, invece, le condizioni offerte dal proponente non fossero tutte congeniali per il venditore, esiste la possibilità di accettare parzialmente la proposta d'acquisto richiedendo allo stesso tempo la modifica dei punti non accettati. Si può, per esempio, esprimere il tutto in questo modo:

Il sottoscritto (indicare nome e cognome del venditore) preso atto del contenuto della presente proposta d'acquisto dichiara di accettarla a condizione di modificare il prezzo d'acquisto offerto, previsto al punto 3), da 100.000 € a 110.000 €, oppure modificare la data prevista per il rogito al punto 3/c) dal 30 settembre .... al 30 luglio ...., confermando tutto quanto previsto ai punti 1), 1/a) nonché la clausola risolutiva indicata al punto 8). Luogo e data .... Firma del venditore per accettazione della presente proposta ....

L'unica cosa sconsigliata, invece, è il rifiuto totale, perché uno o più tentativi di trovare l'accordo devono sempre essere intrapresi. Alla fine, dopo un susseguirsi di atti per negoziare e trattare tra le parti, ci auguriamo che si raggiunga l'accordo: è questo il momento ideale per scrivere questa frase in fondo alla proposta.

Ritiro della proposta d'acquisto accettata

Il sottoscritto (scrivere nome e cognome del venditore) dichiara di ricevere copia della proposta d'acquisto integralmente e irrevocabilmente accettata dal venditore.
Luogo e data ....
Firma del proponente per ritiro e presa visione dell'accettazione della presente proposta da parte del venditore
....

Infine considera che, se la proposta è stampata su più di un foglio, devi prevedere uno spazio su ogni pagina per indicare luogo data e firma.

La proposta è così completa e, di conseguenza, non ti resta che iniziare il percorso della tua compravendita.

RIEPILOGO DEL CAPITOLO 3:

- SEGRETO n. 11: Studia bene la procedura e tutti i passaggi della proposta d'acquisto: solo così potrai avere la certezza e la tranquillità di sottoscrivere un contratto valido.
- SEGRETO n. 12: Se ti rivolgi a un agente immobiliare affinché ti assista nella presentazione della proposta d'acquisto, verifica sempre che sia iscritto all'albo degli agenti immobiliari.
- SEGRETO n. 13: Se sei il venditore, abbi cura di fornire informazioni dettagliate sull'immobile; se sei l'acquirente verifica con attenzione che l'immobile corrisponda alle tue aspettative.
- SEGRETO n. 14: Il pagamento e la consegna dell'immobile sono i passaggi più spinosi. Fai attenzione a valutare tutte le variabili del caso.
- SEGRETO n. 15: La proposta d'acquisto deve essere compilata in modo che comprenda ogni singolo aspetto della trattativa, anche il più banale.

Conclusione

Siamo giunti al termine di questo corso e siamo sicuri che adesso potrai ben affermare di essere più preparato del 95% delle persone sulla proposta d'acquisto immobiliare. Le nozioni che hai appreso sono state raccolte come sintesi di anni spesi a fare trattative di ogni genere, scrivendo e valutando proposte di tutti i tipi, ed è il frutto della collaborazione e di anni di lavoro al fianco di notai e avvocati.

Il risultato che potrai raggiungere, naturalmente, dipende solo da te, dalla tua voglia e dalla tua determinazione. Di sicuro, ora avrai modo di riflettere su quali elementi possono farti capire qual è il momento giusto per iniziare una trattativa; soprattutto, hai capito uno dei punti cardine delle compravendite immobiliari: non esiste trattativa che si rispetti senza una proposta d'acquisto scritta.

Questo, come hai visto, riduce sensibilmente la possibilità che tra acquirente e venditore ci siano eventuali "frizioni", dando la possibilità di concentrarsi solo sulle opportunità della compravendita.

Se saprai essere strategico e unirai queste informazioni alle strategie di gestione della trattativa che offre la proposta, allora le possibilità di raggiungere il tuo obiettivo per la compravendita saranno altissime.

Inoltre, conoscendo punto per punto tutte le voci che puoi inserire nella proposta, puoi anche sentirti sicuro di affrontare le diverse casistiche che in una trattativa si possono presentare. Quindi, ora ripassati i punti chiave di questo corso, rileggi i segreti e affronta con entusiasmo e fiducia la tua trattativa e, soprattutto, la tanto desiderata proposta.

Un grosso in bocca al lupo da Elena e Antonino!

Continua a seguirci sul nostro sito web all'indirizzo http://www.guida-immobiliare.com.

www.ingramcontent.com/pod-product-compliance
Ingram Content Group UK Ltd.
Pitfield, Milton Keynes, MK11 3LW, UK
UKHW022011190726
13853UKWH00004B/1879